This Book
Belongs To

▽△ ▽△▽ △▽△ ▽△▽△ ▽ ▽△▽△ ▽△▽△ ▽△▽△ ▽△▽△ ▽△▽△ ▽△▽△ ▽△▽ △▽△ ▽△▽△ ▽△▽ △▽△ ▽△

▽△▽△▽△▽△ ▽△▽△ ▽△▽▽ ▽△▽△ ▽△▽△ ▽△▽△ ▽△▽△ ▽△▽△ ▽△▽▽ ▽△▽△ ▽△▽△ ▽△▽△

▽△▽△▽△▽△ ▽△▽△ ▽△▽ ▽△▽ ▽△▽ ▽△▽△ ▽△▽ ▽△▽ ▽△▽△ ▽△▽ ▽△▽ ▽△▽△ ▽△▽ ▽△▽ ▽△

▽△ ▽△▽ △▽△ ▽△▽ △ ▽△▽ △▽△ ▽△▽ △ ▽△▽ △▽△ ▽△▽ △ ▽△▽ △▽△ ▽△▽ △ ▽△▽ △▽△ ▽△

▽△ ▽△▽ △▽△ ▽△▽△ ▽△▽△ ▽△▽ △▽△ ▽△▽△ ▽△▽ △▽△ ▽△▽△ ▽△▽ △▽△ ▽△▽△ ▽△▽ △▽△ ▽△

▽△ ▽△▽ △▽△ ▽△▽△ ▽△▽△ ▽△▽ △▽△ ▽△▽△ ▽△▽ △▽△ ▽△▽△ ▽△▽ △▽△ ▽△

▽△ ▽△▽ △▽△ ▽△▽△ ▽△▽△ ▽△▽△ ▽△▽ △▽△ ▽△▽△ ▽△▽ △▽△ ▽△▽△ ▽△▽ △▽△ ▽△▽△ ▽△▽ △▽△ ▽△

▽△

▽△ ▽△▽ △▽△ ▽△▽ △ ▽△▽△ ▽△▽ △ ▽△▽ △▽△ ▽△▽△ ▽△▽ △▽△ ▽△▽△ ▽△▽ △▽△ ▽△

∇Δ ∇Δ∇Δ∇Δ ∇Δ∇Δ ∇Δ∇Δ ∇Δ∇Δ∇ Δ∇Δ∇Δ ∇Δ∇Δ∇ Δ∇Δ∇Δ ∇Δ∇Δ∇ Δ∇Δ∇Δ ∇Δ∇Δ∇ Δ∇Δ∇Δ ∇Δ∇Δ

▽△▽△▽△▽△ ▽△▽△ ▽△▽△ ▽△▽△ ▽△▽△ ▽△▽△ ▽△▽△ ▽△▽△ ▽△▽△ ▽△▽△ ▽△▽△ ▽△▽△ ▽△▽△ ▽△▽△ ▽△▽△ ▽△

▽△

▽△ ▽△▽ △▽△ ▽△▽ △▽ ▽△▽ △▽ ▽△▽ △▽ ▽△▽ △▽△ ▽△▽ △▽ ▽△▽ △▽△ ▽△ ▽△▽ △▽ ▽△▽ △▽△ ▽△ ▽△▽ △▽ ▽△

▽△▽△▽△▽△ ▽△▽△ ▽△▽△▽△ ▽△▽△ ▽△▽△ ▽△▽△ ▽△▽△ ▽△▽△ ▽△▽△ ▽△▽△ ▽△

▽△ ▽△▽△ ▽△▽△ ▽△ ▽△ ▽△▽△ ▽△▽△ ▽△ ▽△ ▽△▽△ ▽△▽△ ▽△ ▽△ ▽△▽△ ▽△▽△ ▽△

▽△ ▽△▽ △▽△ ▽△▽ △▽△ ▽△▽ △▽△ ▽△▽ △▽△ ▽△▽ △▽△ ▽△▽ △▽△ ▽△▽ △▽△ ▽△▽ △▽△ ▽△

▽△▽△▽△▽△ ▽△▽△ ▽△▽△ ▽△▽△ ▽△▽△ ▽△▽△ ▽△▽△ ▽△▽△ ▽△▽△ ▽△▽△▽△

▽△ ▽△▽ △▽△ ▽△▽△ ▽△▽△ ▽△▽ △▽△ ▽△▽△ ▽△▽ △▽△ ▽△▽△ ▽△▽ △▽△ ▽△▽△ ▽△▽ △▽△ ▽△

Made in the USA
Monee, IL
14 December 2021

85551738R00057